AF602817

7 mars 1861

Procès verbal — Produit 24,000f

COLLECTION

DE

M. L***, DE MADRID

TABLEAUX

ANCIENS

Me CHARLES PILLET,
COMMISSAIRE-PRISEUR.

M. DHIOS,
EXPERT.

PARIS IMPRIMERIE DE PILLET FILS AINE
RUE DES GRANDS-AUGUSTINS, 5.

AVIS

A MESSIEURS LES CONSERVATEURS DES MUSÉES

Cette Collection se compose d'un bon nombre de Tableaux dignes de figurer en première ligne dans nos Musées, auxquels il sera accordé à la vente aux enchères publiques toutes les facilités de payement.

Cette Collection peut être visitée dès à présent, en s'adressant à M. DHIOS, expert de la vente.

CATALOGUE

DE

TABLEAUX

DES ANCIENS MAITRES

DES ÉCOLES

ESPAGNOLE, ITALIENNE, FLAMANDE ET FRANÇAISE

COMPOSANT LE CABINET

DE M. L***, DE MADRID

Dont la vente aux enchères publiques aura lieu

HOTEL DES COMMISSAIRES-PRISEURS

RUE DROUOT, 5

SALLE No 1

LE JEUDI 7 MARS 1861

A DEUX HEURES PRÉCISES

Par le ministère de Me **CHARLES PILLET**, Commissaire-Priseur,
rue de Choiseul, 11,
Assisté de M. **DHIOS**, Expert, rue Lepeletier, 33,
Chez lesquels se distribue le présent Catalogue.

EXPOSITIONS { PARTICULIÈRE le Mardi 5 Mars 1861,
PUBLIQUE le Mercredi 6 Mars 1861,

De une heure à cinq heures.

PARIS. IMPRIMERIE DE PILLET FILS AINÉ
RUE DES GRANDS AUGUSTINS, 5.

1861

CONDITIONS DE LA VENTE

Elle sera faite au comptant.

Les adjudicataires payeront cinq pour cent en sus des enchères, applicables aux frais.

Ce Catalogue se distribue :

Chez MM.

A Paris,	CHARLES PILLET, commissaire-priseur.
»	DHIOS, expert, 33, rue Le Peletier.
Lille,	VANACKER, éditeur.
Lyon,	HOETH, marchand d'estampes, rue Romarin, 9.
Marseille,	PRISTON, marchand d'estampes, place Nouvelle-Bourse, 2.
Montpellier,	BURON, RAMADIÉ, DOUBERNAND, commissionnaires en librairie.
Rouen,	BILLARD, marchand de curiosités.
Bordeaux,	PAQUIÉ, marchand de curiosités, cours du Trente-Juillet.
Bruxelles,	Étienne LEROY, place du Grand-Sablon, 12.
Anvers,	TESSARO, marchand d'estampes.
Liége,	VAN MARCKE, *Id.*
Bruges,	BOGAERTS, imprimeur-libraire, rue Philipstok.
Gand,	DUQUESNE, libraire, rue des Champs, 81.
Londres,	FARRER, New-Bond street, 106.
»	COLNAGHI, marchand d'estampes, Call-Mull-East, 14.
Amsterdam,	ROSS, expert, in het huisder Roofden.
La Haye,	ENTHOVEN, marchand de curiosités.
Rotterdam,	DIRCKSEN, marchand de tableaux.
Cologne,	BOURGEOIS, marchand de tableaux.
Munich,	BRULLIOT, conservateur du Musée.
Vienne,	ARTARIA et Ce.
»	PLACH, marchand de tableaux.
Dresde,	ARNOLD, marchand d'estampes.
Berlin,	REIMER, libraire.
Leipzig,	BROCKHAUS et Ce.
Francfort,	INGELL, libraire.
Hambourg,	COMMETER, marchand d'estampes.
Manheim,	ARTARIA et FONTAINE.

AVERTISSEMENT

Cette collection, venant d'Espagne, a été formée à Madrid même par un homme doué d'un sentiment élevé des beaux-arts. Malgré la réserve que nous nous sommes toujours imposée, nous avons cru cependant de notre devoir de dire quelques mots d'appréciation sur quelques œuvres de cette collection, digne, à bien des titres, de fixer l'attention des connaisseurs.

Quoi qu'on en dise, le goût pour l'art sérieux n'est pas tellement en décadence que l'on ne puisse encore recommander les productions de quelques maîtres qui sont souvent regardés comme trop sévères.

Ainsi, l'école espagnole, qui forme la partie dominante de cette collection, y est représentée par des œuvres de ses maîtres les plus illustres, non point par leurs sujets tristes et quelquefois repoussants, mais par des créations nobles, agréables et souvent gracieuses.

Nous sommes heureux de citer parmi ces tableaux un *Saint François en extase*, de Murillo, et son pendant, *Saint Joseph et l'Enfant Jésus entourés d'anges,* dans lequel Valdès Léal a lutté de talent et de génie avec son célèbre rival ; un *Saint Jean-Baptiste*, toile très-importante par Ribera; le *Sauveur du Monde,* par Vincent Joanès, œuvre digne du divin Moralès; un *Saint Antoine de Padoue et l'Enfant Jésus,* si admirablement peint par Carreno de Miranda.

Plusieurs tableaux importants par le célèbre Goya et bien

d'autres maîtres trop peu connus en France, représentent encore dignement l'école espagnole.

Vient ensuite une précieuse série de tableaux gothiques ayant trait à la vie de la Vierge. dans lesquels l'inspiration religieuse est à la hauteur de leur noble provenance et de leur remarquable état de conservation. L'acquisition de ces curieux panneaux doit d'autant plus être enviable, qu'on s'occupe aujourd'hui plus que jamais de cette partie de l'histoire de la peinture.

Quelques charmants échantillons de notre école française viennent compléter l'attrait de cette collection, entièrement inconnue à Paris.

Nous avons donc l'espoir que les amateurs répondront à notre appel et que MM. les conservateurs des musées de province saisiront avec empressement l'occasion d'enrichir leurs galeries de productions d'un mérite incontestable.

Nous leur signalerons tout particulièrement la magnifique composition de Luca Giordano, le *Passage de la mer Rouge*, dont l'importance est digne du sujet.

DÉSIGNATION

DES TABLEAUX

ALLEGRAIN (Etienne).

1 — Paysage; Élie s'élevant vers le ciel.

Toile. Haut. 37 cent. Larg. 46 cent.

DU MÊME.

2 — Paysage; Rebecca à la fontaine.

Toile. Haut. 36 cent. Larg. 46 cent.

ARELLANO (Jean de).

3 — Guirlande de fleurs entourant un médaillon peint en grisaille.

DU MÊME.

4 — Guirlande de fleurs entourant un médaillon.

Pendant du précédent.

Toile. Haut. 1 mèt. 23 cent. Larg. 1 mèt. 4 cent.

BARBIERI (Giovanni Francesco, dit il Guercino).

5 — Les quatre Evangélistes.

Quatre pendants remarquables par l'énergie de pinceau et leurs belles oppositions de lumière.

Toile. Haut. 1 mèt. 8 cent. Larg. 1 mèt. 59 cent.

BASSANO.

6 — L'Arche de Noé.

Cuivre. Haut. 29 cent. Larg. 40 cent.

BENT (Jean Van der).

7 — Paysage avec bergers conduisant des bestiaux.

Toile. Haut. 54 cent. Larg. 81 cent.

DU MÊME.

8 — Paysage avec bergers gardant des chèvres.

Pendant du précédent.

Toile. Haut. 54 cent. Larg. 81 cent.

BEGYN (Abraham).

9 — Le Passage du gué.

Bois. Haut. 58 cent. Larg. 42 cent.

BEERESTRAATEN (A. Van).

10 — Vue de la ville et du port d'Anvers. On voit une procession sur le port.

Toile. Haut. 66 cent. Larg. 85 cent.

BILCOQ.

11 — La Tireuse de cartes.

Ce tableau est certainement l'œuvre la plus capitale et la plus piquante que nous connaissions de ce maître. Il a voulu y réunir la coquetterie charmante de l'école française à la science du clair-obscur qui a si justement illustré les maîtres hollandais.

Bois. Haut. 46 cent. 1/2. Larg. 61 cent.

BLES (Henri de).

12 — Le Christ en croix ; au bas de la croix, on voit la sainte Vierge et saint Jean.

Cette composition est touchée avec une grande finesse, et remplie de sentiment.

Bois. Haut. 27 cent. Larg. 17 cent.

DU MÊME.

13 — Jésus au jardin des Oliviers.

Bois. Haut. 21 cent. Larg. 16 cent.

BOILLY (Louis).

14 — La Souris prise.

Toile. Haut. 40 cent. Larg. 32 cent.

DU MÊME.

15 — Le Nid d'oiseaux.

Ces deux agréables compositions sont de la plus belle qualité de ce maître.

Toile. Haut. 40 cent. Larg. 32 cent.

BOSCH (Jérome).

16 — Saint Michel terrassant le démon.

Bois. Haut. 64 cent. Larg. 64 cent.

BREUGHEL (Jean).

17 — Paysage; vue d'un village au bord d'une rivière, animé de figures.

Bois. Haut. 26 cent. Larg. 37 cent.

BREUGHEL (le vieux).

18 — Noce de village.

Toile marouflée sur bois. Haut. 35 cent. Larg. 43 cent.

CAFFI (MARGUERITE).

19 — Fleurs.

DE LA MÊME.

20 — Fleurs

Pendant du précédent.

Toile. Haut. 82 cent. Larg. 1 mèt. 11 cent.

CARRENO DE MIRANDA (JEAN).

21 — Saint Antoine de Padoue et l'enfant Jésus.

A l'aspect de ce tableau si aimable et si admirablement peint, on ne peut qu'être vivement impressionné; on croirait que ce peintre, si justement comblé d'honneurs, a emprunté à Vélasquez la vérité saisissante de ses types, et à Van Dyck la capricieuse élégance de son pinceau. (Signé et daté 1656.)

Toile. Haut. 1 mèt. 7 cent. Larg. 95 cent.

CEREZO (MATEO).

22 — La Vierge de la Conception.

Ce tableau, d'une harmonie charmante, est peint avec autant de vigueur que d'esprit. Il rappelle les inspirations des maîtres les plus séduisants de l'école espagnole.

Toile. Haut. 66 cent. Larg. 53 cent.

COELLO (Claude).

23 — Sacre de l'empereur Charles-Quint par le pape Léon X.

Toile. Haut. 1 mèt. 50 cent. Larg. 2 mèt. 20 cent.

COURTOIS (Jacques, dit le Bourguignon).

24 — Le Jeu de bague et une bataille.

Deux pendants.

Toile. Haut. 23 cent. Larg. 32 cent

COXCIE (Michel).

25 — Saint Jérôme dans le désert, assis dans une grotte ; le saint se frappe la poitrine avec une pierre ; devant lui, une croix et un livre ouvert et une tête de mort ; à ses côtés on voit un lion.

Ce n'est pas seulement par la science de l'anatomie, la suave transparence du pinceau, que cette œuvre se recommande ; elle est non moins remarquable par la finesse de son exécution et le sentiment de la foi qui anime le saint anachorète. (Signé et daté 1563.)

Bois. Haut. 1 mèt. 13 cent. Larg. 89 cent.

DIAZ (Jean).

26 — Une religieuse recevant la bénédiction d'un saint évêque.

Bois. Haut. 15 cent. Larg. 13 cent.

DIEPENBEKE et WILDENS.

27 — Chasse au sanglier.

Ce tableau, par la fougue de la composition et la vigueur de la touche, rappelle ceux du même genre que Rubens et Sneyders se sont plu si souvent à reproduire ensemble.

Cuivre. Haut. 88 cent. Larg. 68 cent.

FRANCK.

28 — Quatre tableaux représentant des sujets tirés de la passion de Notre-Seigneur.

1° Jésus-Christ au mont des Oliviers.
2° Jésus-Christ insulté par les soldats.
3° Jésus-Christ portant sa croix.
4° Jésus-Christ sur la croix.

Cuivre. Haut. 26 cent. Larg. 33 cent.

FRANCK.

29 — La Flagellation de Notre-Seigneur.

Cuivre. Haut. 35 cent. Larg. 28 cent.

DU MÊME.

30 — Chute de saint Paul.

Cuivre. Haut. 55 cent. Larg. 72 cent.

GIORDANO (Luca).

31 — Passage de la mer Rouge par les Israélites.

Cet épisode grandiose de l'histoire des Hébreux est aussi remarquable par l'habileté de la mise en scène que par sa touche magistrale. Une pareille page serait vraiment digne d'occuper une place d'honneur dans un de nos musées.

Toile. Haut. 3 mèt. 86 cent. Larg. 4 mèt.

DU MÊME.

32 — Vierge et martyre.

(Ce tableau est signé).

Toile. Haut. 1 mèt. 50 cent. Larg. 1 mèt. 40 cent.

GOYA (François).

33 — Cupidon et Psyché.

Ce peintre humoristique de tant de scènes devenues populaires, s'est surpassé dans cette gracieuse page où il s'est élevé à la hauteur des grands maîtres autant par la science du modelé que par la capricieuse vigueur du pinceau. Ce qui donne encore un attrait de plus à ce beau tableau, c'est que, d'après les renseignements authentiques qui nous ont été fournis, nous sommes fondé à croire que Goya s'est représenté lui-même en Cupidon, et que Psyché rappelle les traits d'une de ses plus belles contemporaines.

Toile. Haut. 2 mèt. 20 cent. Larg. 1 mèt. 55 cent.

DU MÊME.

34 — Histoire d'un moine et d'un bandit.

Cette suite de six tableaux n'est pas seulement des plus intéressantes comme autant d'échantillons de sa manière franche et originale, mais encore comme souvenir de l'arrestation qui eut lieu au commencement de ce siècle d'un bandit célèbre appelé *Maragato*, natif d'Aldinuda, par le moine Pedro Zaldivia, près d'Oropesa.

Bois. Haut. 29 cent. Larg. 39 cent.

GOYA (François).

35 — Portraits d'une jeune fille et d'une vieille femme.

Ces portraits, par leur liberté de pinceau, rappellent certaines productions de Velasquez.

Toile. Haut. 47 cent. Larg. 38 cent.

(Attribué) AU MÊME.

36 — Intérieur d'une église où un prêtre donne la communion.

Bois. Haut. 30 cent. Larg. 41 cent.

HERRERA (le vieux).

37 — Philosophe tenant un livre ouvert qu'il lit.

Toile. Haut. 97 cent. Larg. 73 cent.

HONDT (de).

38 — Combats de cavalerie.

Deux pendants.

Cuivre. Haut. 35 cent. Larg. 49 cent.

JOANÈS (Vincent).

39 — Le Sauveur.

Vêtu d'une tunique rouge, le Sauveur est vu à mi-corps et de face. La tête est coiffée de la tiare et ornée de cheveux tombants qui encadrent la barbe traditionnelle. Il lève la main droite vers le ciel, tandis que de l'autre il tient le globe du monde, surmonté d'une croix.

L'expression de cette figure joint à une imposante majesté une ineffable douceur. Cette page hors ligne est aussi remarquable par la noble sévérité du dessin et le précieux de l'exécution que par la magnificence des ornements. On reconnaît dans l'ensemble de cette œuvre du chef de l'école de Valence, l'influence de l'école romaine, dont il s'est surtout inspiré.

Bois. Haut. 91 cent. Larg. 83 cent.

KNELLER (Godefroy).

40 — Portrait d'un cuisinier anglais.

Toile. Haut. 75 cent. Larg. 64 cent.

MARCIANO (Salvador-Muella).

41 — La Vierge de la Conception.

Toile. Haut. 60 cent. Larg. 39 cent.

MAZO MARTINEZ (Jean-Baptiste del).

42 — Les Singes.

Un voyageur, endormi dans une des forêts vierges du Nouveau-Monde, est surpris pendant son sommeil par une troupe de singes qui le dévalisent et font, de la manière la plus comique, avec ses vêtements dont ils s'affublent, la parodie des mœurs de l'époque. Ce tableau n'est pas seulement très-original, mais l'exécution générale est largement imitée et très-piquante, et rappelle, par le charme de son coloris, cette puissante école de Vélasquez, l'une des plus glorieuses d'Espagne.

Toile. Haut. 1 mèt. 22 cent. Larg. 1 mèt. 68 cent.

MEULENER (Pierre).

43 — Bataille de cavalerie.

DU MÊME.

44 — Bataille.

Pendant du précédent.

Cuivre. Haut. 37 cent. Larg. 51 cent.

MONTALVO (Barthélemy).

45 — Paysage orné de figures.

Bois. Haut. 46 cent. Larg. 78 cent.

DU MÊME.

46 — Paysage avec bergers.

Bois. Haut. 46 cent. Larg. 78 cent.

VALDES LÉAL (Jean de)

47 — Saint Joseph et l'enfant Jésus.

Sont entourés de groupes d'anges, au dessus desquels plane, au milieu des nuages, le Père Éternel.

Toile. Haut. 2 mèt. 4 cent. Larg. 1 mèt. 20 cent.

MURILLO (Barthélemy Estéban).

48 — Saint François d'Assises en extase.

Le saint est agenouillé devant une croix posée sur une table, il tourne ses regards vers un ange qui apparaît au dessus de sa tête.

Ces deux toiles brillent l'une et l'autre par des qualités innombrables. Elles furent peintes par ces deux rivaux (Valdès Léal et Murillo), pour faire pendant dans une église de Séville. Aussi cherchèrent-ils l'un et l'autre à se surpasser. Le saint François peint par Murillo dans sa manière *chaude*, celle qu'il affectionnait le plus, est d'un dessin pur, sévère, plein de sentiment et de majesté. Le raccourci de l'ange est des plus savants et des plus audacieux. Le saint Joseph de Valdès Léal est d'une grande beauté de couleur, et la lumière y est habilement distribuée. Ces deux tableaux sont en un mot dignes l'un de l'autre.

Toile. Haut. 2 mèt. 4 cent. Larg. 1 mèt. 20 cent.

DU MÊME.

49 — La Sainte Vierge, assise au milieu d'une gloire d'anges, tient l'enfant Jésus dans ses bras.

Ce tableau, bien qu'ayant souffert dans quelques parties, a conservé néanmoins la grâce de ses types et le charme que l'on retrouve dans les plus agréables compositions de ce maître.

Toile. Haut. 1 mèt. Larg. 80 cent.

ORRENTE (Pierre).

50 — Sujet mythologique.

Toile. Haut. 74 cent. Larg. 1 mèt. 80 cent.

DU MÊME.

51 — Sujet mythologique.

Toile. Haut. 74 cent. Larg. 1 mèt. 55 cent.

PEREDA DE DUARTE (don Thomas).

52 — La Vierge de la Conception.

Cuivre. Haut. 23 cent. Larg. 18 cent.

PEREZ (Bartholomé).

53 — Fleurs avec un ange pour médaillon.

Toile. Haut. 1 mèt. 70 cent. Larg. 1 mèt. 45 cent.

DU MÊME.

54 — Vase contenant un bouquet de fleurs.

Peinture sur fond d'or.

Bois. Haut. 1 mèt. 12 cent. Larg. 74 cent.

PEREZ (Bartholomé).

55 — Vase orné de figures, contenant un bouquet de fleurs.

Peinture sur fond d'or.

Bois. Haut. 1 mèt. 12 cent. Larg. 74 cent.

PILLEMENT (Jean).

56 — Marine, un naufrage.

Toile. Haut. 54 cent. Larg. 80 cent.

DU MÊME.

57 — Marine, mer agitée.

Pendant du précédent. Ces deux tableaux sont signés.

Toile. Haut. 54 cent. Larg. 80 cent.

PIOMBO (Attribué à Sebastien del).

58 — Le Christ portant sa croix.

Le Christ vu à mi-corps, la tête douloureusement penchée, tient d'une main crispée la croix qu'il semble traîner avec effort. Sa tête, pleine d'expression résignée, est ceinte de la couronne d'épines.

Bois. Haut. 92 cent. Larg. 66 cent.

PROCCACINI (GIULIO CESAR).

59 — La Vierge, Jésus et saint Jean.

La sainte Vierge, assise, contemple en souriant l'enfant Jésus qu'elle tient sur ses genoux et qui se penche vers le petit saint Jean pour l'embrasser. Au bas, à droite, est un agneau; à gauche, sur une table, sont posées une aiguière et une corbeille de fruits; derrière est une colonne, et à droite une draperie rouge, dont les plis sont soulevés au dessus de la tête de la Vierge.

Ce tableau porte la signature de RAPHAEL D'URBINO, qui nous paraît être aussi ancienne que le tableau. Malgré cette signature, nous n'avons pas cru devoir lui laisser cette attribution; MM. les Amateurs apprécieront.

Bois. Haut. 64 cent. Larg. 50 cent.

RIBERA (JOSEPH, dit L'ESPAGNOLET).

60 — Saint Jean-Baptiste dans le désert.

Le saint est assis près d'un rocher, les yeux levés vers le ciel : d'une main il tient la croix; près de lui on voit un mouton.

On retrouve dans cette page la savante opposition de lumière et l'énergie du pinceau qui caractérisent les œuvres de ce grand maître.

Toile. Haut. 1 mèt. 81 cent. Larg. 1 mèt. 30 cent.

DU MEME.

61 — Saint Jean l'Évangéliste.

Toile. Haut. 1 mèt. 19 cent. Larg. 97 cent.

RIBERA (JOSEPH, dit l'ESPAGNOLET).

62 — Portrait d'un philosophe.

Toile. Haut. 97 cent. Larg. 73 cent.

ROBUSTI (JACQUES, dit LE TINTORET).

64 — La Naissance de Jésus.

Ce tableau est non-seulement peint avec cette largeur de touche qui caractérise cet illustre Vénitien, mais encore avec cette savante opposition de lumière, l'un de ses caractères les plus saillants.

Toile. Haut. 1 mèt. 3 cent. Larg. 1 mèt. 18 cent.

RODRIGUEZ (dit LE PANADERO).

65 — Triomphe d'Amphitrite.

La déesse est placée sur un char que traînent deux chevaux marins au milieu des eaux ; des nymphes et des Tritons l'entourent; dans les airs, des amours; à gauche, sur un nuage, Jupiter.

Toile. Haut. 78 cent. Larg. 1 mèt. 45 cent.

VACARO (ANDREA).

66 — La charité romaine.

Toile. Haut. 1 mèt. 35 cent. Larg. 1 mèt.

ROMERO D'ESCALANTE.

67 — Bataille de cavalerie.

Toile. Haut. 95 cent. Larg. 1 mètre 50 cent.

DU MÊME.

68 — Bataille.

Pendant du précédent.

Toile. Haut. 1 mèt. Larg. 1 mèt. 58 cent.

ROSA DE TIVOLI.

69 — Berger gardant un troupeau.

Toile. Haut. 94 cent. Larg. 1 mèt. 34 cent.

ROSA DE TIVOLI.

70 — Chasse au cerf.

Pendant du précédent.

Toile. Haut. 94 cent. Larg., 1 mèt. 34 cent.

SNEYDERS.

71 — Aigle planant dans les nues avec une tortue dans ses serres.

Toile. Haut. 80 cent. Larg. 1 mèt. 10 cent.

DU MÊME.

72 — Le marchand de volaille.

Toile. Haut. 1 mèt. 2 cent. Larg. 81 cent.

STANZIONI (le chevalier MAXIME).

73 — Enfant endormi.

Toile. Haut. 75 cent. Larg. 1 mèt. 2 cent.

ROGER de Bruges (Ecole de).

74 — Jésus crucifié entre les deux larrons.

Au milieu du tableau, le Christ expirant sur la croix; de chaque côté, les deux larrons. Au pied de la croix deux hommes : l'un, de race noire, tient une lance dont il perce le côté du Christ. Sur le premier plan, à droite, deux personnages à cheval : l'un tient un sceptre de la main, ils sont entourés de mendiants. Sur la gauche, groupe des saintes femmes, dans le fond une ville.

Cette composition est encadrée de six sujets représentant des scènes de la Passion, dans des niches se terminant en forme ogivale, tels que Jésus au mont des Oliviers, le baiser dè Judas, Jésus devant Pilate, la Flagellation, le Couronnement d'épines, et le Christ portant sa croix.

L'importance de la composition, la variété des expressions et des costumes, font de ce tableau une œuvre digne de tout l'intérêt qui s'attache aux productions de cette école, qui exerça une si grande influence sur le goût de ses contemporains.

Bois. Haut. 1 mèt. 66 cent. Larg. 1 mèt. 27 cent..

VAN EYCK (Ecole des).

75 — Adoration des rois mages.

Bois. Haut. 1 mèt. 34 cent. Larg. 1 mèt. 4 cent.

VAN EYCK (Ecole des).

76 — Descente du Saint Esprit sur les apôtres.

Bois. Haut. 1 mèt. 34 cent. Larg. 1 mèt. 4 cent.

DU MÊME.

77 — Présentation de la Sainte Vierge au Temple.

Bois. Haut. 1 mèt. 38 cent. Larg. 66 cent

DU MÊME.

78 — La mort de la Vierge.

Ce tableau et les trois précédents ornaient, suivant la tradition, l'oratoire de l'empereur Charles-Quint. Quoi qu'il en soit, les beautés hors ligne qu'on remarque dans ces compositions n'échapperont à aucun de nos grands amateurs. Ils seront surtout frappés du caractère de naïveté, de la pureté du dessin, du sentiment exquis qui sont répandus comme à plaisir dans ces divers épisodes.

La mort de la Vierge réunit selon nous, au plus haut degré, ces précieuses qualités de dessin et d'exécution qui caractérisent cette ancienne école. Si nous les signalons d'une manière toute spéciale, c'est que nous n'ignorons pas combien ses productions, si difficiles aujourd'hui à rencontrer, excitent à juste titre l'envie et l'admiration des hommes sérieux qui se font un honneur de suivre les diverses transformations de l'art de la peinture du quinzième au seizième siècle.

Bois. Haut. 1 mèt. 38 cent. Larg. 76 cent.

VAN VITELLI (Gaspard).

79 — Vues prises en Italie.

Deux pendants.

Ces deux vues sont d'une couleur très-agréable, et des plus intéressantes par les divers monuments qu'elles représentent. Elles sont animées de figures dont les costumes élégants et la touche spirituelle augmentent encore le charme

Toile. Haut. 67 cent. Larg. 1 mètre 7 cent.

RIZI (François).

80 — La Vierge de la purification.

Cette Vierge, vêtue du splendide costume dont se sont plu à l'orner surtout les peintres espagnols, est représentée debout tenant l'Enfant Jésus. Elle est entourée de tous les attributs célestes et terrestres dont l'Église catholique, dans ses plus grandes pompes, aime à entourer la mère du Sauveur.

Ce tableau est d'un aspect très-agréable, et peint avec une remarquable habileté.

Toile. Haut. 2 mèt. 7 cent. Larg. 1 mèt. 47 cent.

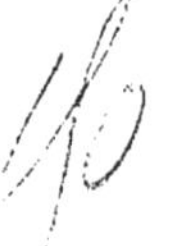

VELASQUEZ (École de).

81 — La Noce maudite.

Sous cette allégorie l'artiste a voulu faire la critique de l'union de deux grands personnages de l'Espagne.

Toile. Haut. 52 cent. Larg. 38 cent.

MÊME ÉCOLE.

82 — Portrait d'une infante d'Espagne, fille de Philippe IV.

Toile. Haut. 44 cent. Larg. 32 cent.

VENUSTI (Marcel dit le Mantuano).

83 — Descente de la croix.

Bois. Haut. 32 cent. Larg. 22 cent.

VÉRONÈSE (Alexandre).

8 — Sémiramis recevant des tributs de peuples conquis.

Toile. Haut. 1 mèt. 33 cent. Larg. 1 mèt. 68 cent.

ECOLE ESPAGNOLE.

85 — Petit portrait d'homme en collerette.

Cuivre. Haut. 9 cent. Larg. 6 cent.

DE LA MÊME.

86 — Portrait du frère Pierre Estève, favori de Philippe IV.

Cuivre. Haut. 7 cent. Larg. 5 cent.

DE LA MÊME.

87 — Petit portrait d'homme de distinction (*forme ronde*).

Toile marouflée ; sur bois.

DE LA MÊME.

88 — Petit portrait d'homme (*forme ronde*).

Toile marouflée sur bois, 7 cent de diam.

ECOLE ESPAGNOLE.

89 — Sainte Lucie.

Toile marouflée. Haut. 33 cent. Larg. 42 cent

DE LA MÊME.

90 — Types populaires de Madrid.

Deux pendants.

Fer-blanc. Haut. 17 cent. Larg. 12 cent.

ANCIENNE ECOLE FLAMANDE.

91 — Deux saints peints sur fond d'or.

Bois. Haut. 56 cent. Larg. 84 cent.

DE LA MÊME.

92 — Deux pèlerins.

Peinture sur fond d'or.

Bois. Haut. 56 cent. Larg. 84

ANCIENNE ECOLE FLAMANDE.

93 — Les Apôtres saint Pierre et saint Paul.

Deux pendants.

Bois. Haut. 80 cent. Larg. [illegible] cent.

ÉCOLE FRANÇAISE.

94 — Deux enfants sur des nuages.

Bois. Haut. 38 cent. Larg. 29 cent.

CARTE D'ENTRÉE

TABLEAUX

DES ANCIENS MAITRES

COMPOSANT LE CABINET

DE M. L*, DE MADRID**

Vente le Jeudi 7 Mars 1861, à 2 heures précises

HOTEL DROUOT, SALLE N° 1

EXPOSITIONS : { **Particulière le Mardi 5 Mars 1861,**
Publique le Mercredi 6 Mars 1861,

De une heure à cinq heures.

Me Charles PILLET, Commissaire-Priseur, rue de Choiseul, n° 11,
Assisté de M. DHIOS, Expert, rue Le Peletier, 33.

738 Imp. Renou et Maulde, rue de Rivoli, 144

CARTE D'ENTRÉE

TABLEAUX

DES ANCIENS MAITRES

COMPOSANT LE CABINET

DE M. L***, DE MADRID

Vente le Jeudi 7 Mars 1861, à 2 heures précises

HOTEL DROUOT, SALLE N° 1

EXPOSITIONS : { Particulière le Mardi 5 Mars 1861,
Publique le Mercredi 6 Mars 1861,

De une heure à cinq heures.

Me Charles PILLET, Commissaire-Priseur, rue de Choiseul, n° 11,
Assisté de M. DHIOS, Expert, rue Le Peletier, 33.

738 Imp. Renou et Maulde, rue de Rivoli, 144

www.ingramcontent.com/pod-product-compliance
Ingram Content Group UK Ltd.
Pitfield, Milton Keynes, MK11 3LW, UK
UKHW021956260726
13994UKWH00004B/1786